MEMOIRE
en Images

CLICHY-LA-GARENNE

Au recto de cette carte, on lit “A *ma petite Amandine*”. Le fiancé chéri a adressé de l’argent pour une robe blanche.

MEMOIRE
en Images

CLICHY-LA-GARENNE

Pierre Carraz

ALAN
SUTTON

Editions Alan Sutton
21, avenue de la République
37300 Joué-lès-Tours

Première édition février 1997

ISBN 2-84253-026-8

Dépôt légal : février 1997.
Imprimé en Grande-Bretagne par
Redwood Books Limited, Trowbridge.

Hameau de MONCEAUX

15 Juillet 1789

Sceau de Clichy-la-Garenne

En juillet 1789, Clichy-la-Garenne met en place une municipalité provisoire. Le hameau de Monceaux, dépendant de la commune de Clichy-la-Garenne, adopte sur son blason le bonnet phrygien.

Table des matières

Bibliographie

Les belles heures de Clichy, Marc Gaillard, Ed. Martelle, 1992.
Clichy-la-Garenne : 20 siècles d'histoire, Ed. Actica, 1974.
Clichy, mon village, Société historique, 1980.
Etat des communes du département de la Seine : Clichy, 1904.
Les environs de Paris, Charles Nodier, 1845.
Madame Récamier, Françoise Wagener, J.-C. Lattes, 1987.

Périodiques :
le Huchet
le Prolétaire de Clichy, 1960-80.
Clichy-scope.

Bilans municipaux : mandats Levillain, Roche, Delors, Catoire.
Bulletins des commerçants Bardies-Montpa : n°1 à 9.
Annuaire de la commune de Clichy.

Remerciements

L'auteur remercie pour leur aide et leur soutien : Gilles Catoire, maire de Clichy-la-Garenne et conseiller général, Christian Capdet, président de la Société historique et archéologique de Clichy, madame Emile Duvernoy, André Leguinio, René Geslin du Cercle cartophile de Bois-Colombes, François Martin (C.P.C.B.C), Michel Toulet (C.P.C.B.C.), la direction de la Fondation Roguet et le service de la communication de la ville de Clichy.

Préface

Nous voici en 1997, depuis quelques temps Clichy bouge et se transforme. Chaque quartier se prépare à affronter l'an 2000. Les grandes industries disparaissent pour laisser place à des immeubles ou à des sièges sociaux.

Dans le quartier Fournier, on ne voit plus les "gazomètres" de Gustave Eiffel au Gaz de France, la verrerie Appert et la verrerie du pont de Clichy, les teintureries Rouquès-Maës et Michel et Chappat, ex-Boutarel.

L'hôpital Beaujon donne aujourd'hui son nom au quartier mais il ne reste que des écrits et des objets de la manufacture de savon et de bougies Cusinberche, de la teinturerie Bienaimé et de la cristallerie de Clichy de la famille Maës. Ils sont au musée local.

L'entreprise Bouthey, devenue par la suite Citroën, s'est effacée pour laisser la place au quartier Mozart, une belle réalisation de la municipalité clichoise, durant le mandat de Gilles Catoire (1989-1995), toujours maire de Clichy et qui, depuis peu, a retrouvé son siège de conseiller général.

Au centre-ville, si le siège social de L'Oréal, dont l'origine à Clichy remonte à la manufacture La Nouvelle Savonnerie Française puis par la suite à Monsavon, a mis son empreinte dans toute la ville, l'hôtel de ville est doté d'un jardin à la française, le marché d'une place piétonnière.

N'oublions pas que Clichy-La-Garenne était un village aux réserves de chasse pour les seigneurs locaux et les rois de France, où les blanchisseurs lavaient les draps des bourgeois de Paris et où les lavandières frottaient le linge au bord de la Seine. Ce sont nos premières industries qui ont été remplacées par des immeubles de bureaux aujourd'hui.

Au seuil du XXIe siècle, il est bon de revisualiser les images du début du siècle : vie familiale, commerciale, sportive ou de travail.

Dans cet album, Pierre Carraz a rassemblé cartes postales et documents relatant la vie de tous les jours des Clichois.

Christian Capdet
Président de la S.H.A.C.

Annuaire des rues

Ancienne dénomination	Nouvelle dénomination
avenue Triomphale	allées Léon Gambetta
boulevard de Lorraine	boulevard du Général Leclerc
boulevard National	boulevard Jean Jaures
impasse de Landy	rue Alexandre Antonini
chemin des Boeufs	rue Rouget de l'Isle
parc Denain	parc Roger Salengro
place de la République	place François Mitterand
place des Fêtes	place des Martyrs de l'Occupation Allemande
place Lecomte	place Danielle Casanova
place Sacco-Venzetti	place des Martyrs de l'Occupation Allemande
route de la Révolte	boulevard du fort de Douaumont
-	boulevard Victor Hugo
rue Cousin	rue du Dr. Emile Roux
rue Bardin	rue Gabriel Péri
rue de l'Assomption	rue Bardin
rue de l'Ecole	rue Villeneuve
rue de l'Eglise	rue Leroy
rue de l'Union	rue Charles et René Auffray
rue de la Fabrique	rue Henri Barbusse
rue de la Marquise de Saint-Rémy	rue Valiton
rue de la Procession	rue Palloy
rue de la Providence	rue Klock
rue de la Seine	rue des Bateliers
rue des Bournaires	rue Gaston Paymal
rue des Chasses	rue Pierre Bérégovoy
rue des Ecoles	rue Ferdinand Buisson
rue du Bois	rue Castérès
-	rue Henri Barbusse
-	rue Huntziger
rue du Cimetière	rue Marcel Paul
rue du Landy (début)	rue de l'ancienne Mairie
rue du Parc	rue Fernand Pelloutier
rue du Progrès	rue Klock
rue du Réservoir	rue Médéric
rue du Roi Dagobert	rue Dagobert
rue Gobert	rue du Dr. Albert Calmette
rue Honnet	rue Léon Blum
rue Oblique	rue Pasteur
rue Reflut	rue Victor Méric
rue Saint-Augustin	rue de l'Avenir
rue Saint-Médard	rue Alfred Coülliard
rue Saint-Pierre (ou Pierre)	rue Morice
rue Traversière	rue d'Estienne d'Orves
rue Vassou	rue Georges Boisseau

I

Histoire et vie économique et sociale

Par une belle nuit de 1700, Philippe de Vendôme donna une fête dans la maison de campagne qu'il avait louée à Clichy avec, comme invité d'honneur, le duc d'Orléans. Au fond du jardin, le fronton nord représentant Ariane est une oeuvre des sculpteurs Poultier et Lapierre.

Cette noble bâtisse, située au n°7 de la rue de Landy, a encore fière allure malgré son mauvais état de conservation.

Le 25 août 1720, le prince de Vendôme dut renoncer à son bail à vie au profit du prince de Conti.

La décoration picturale du plafond du salon fut confiée à Claude III Audran, un des plus grands peintres enjoliveurs du règne de Louis XIV.

Le beau plafond des chasses a été endommagé par un incendie en 1953 et restauré par les Monuments historiques. C'est le dernier et magnifique témoin des chasses royales de Clichy-La-Garenne.

Dagobert 1er, roi des Francs de 629 à 639, se maria à Clichy en 629 avec Gomatrude et y reçut, en 636, Judicaël, roi des Bretons.

Gomatrude, Dagobert, saint Eloi et les évêques (manuscrit du XIIIe siècle, musée de Castres).

Election de la première municipalité, le 3 février 1790. Fresque d'Eugène Beringuier dans la salle du conseil municipal de la mairie de Clichy. Le bureau de vote est placé en plein vent, rue de Landy, face à l'église Saint-Médard. Quatre-vingt-cinq notables votent.

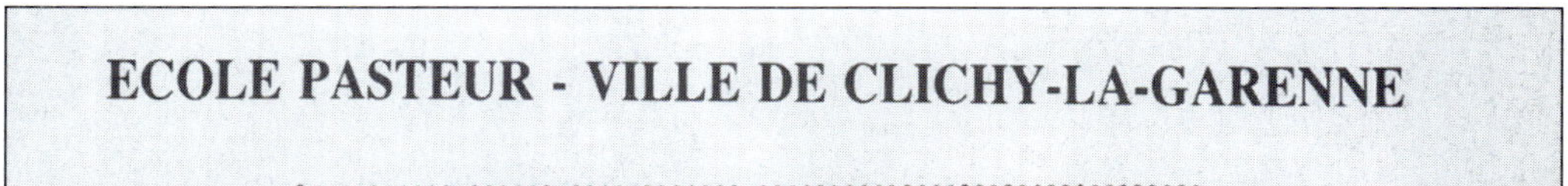

Bloc commémoratif du bicentenaire de la Révolution par l'école Pasteur.

Palais des Beaux-Arts de la Ville de Paris
251 — GERARD (François) (le baron) (1770-1837).
Portrait de Mme Récamier (1777-1849). *ND Phot.*

Madame Récamier résida au château de Clichy de 1796 à 1806. Elle invita Germaine de Staël qui tentait de négocier le retour de son père, Necker, ex ministre de Louis XVI, en France. Madame Récamier a entretenu avec goût le parc et le château de Clichy. Elle cultivait des fleurs dans les serres et les plates-bandes.

En 1806, son mari, le banquier Récamier, fut ruiné, suite à la défaite des armées de Napoléon en Espagne. Le château fut vendu à un marchand de biens qui le démolit pour récupérer les pierres. Le parc fut vendu par lots. Ce qui reste du château est un mur au n°2 de la rue de l'Abrevoir et le mur de la rue de Martre longeant l'école Jules Ferry (reste du mur du parc).

Pendant la Seconde Guerre mondiale, Clichy résista à l'occupant et eut ses martyrs (Joseph Clicci), ses souffrances, de nombreux prisonniers de guerre et une solidarité à toute épreuve.

Poste spéciale F.F.I., le 22 août 1944. Clichy s'est libéré : la police locale, les habitants et la Croix-Rouge y ont participé.

La verrerie créée par Louis Appert s'implanta à Clichy rue des Chasses, en 1875, où elle resta jusqu'en 1936. Elle fut la première à utiliser le soufflage à air comprimé.

Les sulfures ci-dessus proviennent de la cristallerie Maës installée à Clichy en 1842 et médaille d'or à l'Exposition nationale, en 1849. Elle fut détruite par un incendie en 1895.

Paul Dupont s'installa à Clichy, sur un terrain de 2 hectares quai de Seine, en 1861. L'imprimerie fut pendant 120 ans l'un des fleurons industriels de la ville. Paul Dupont créa des caisses de retraite et pensions dès 1825.

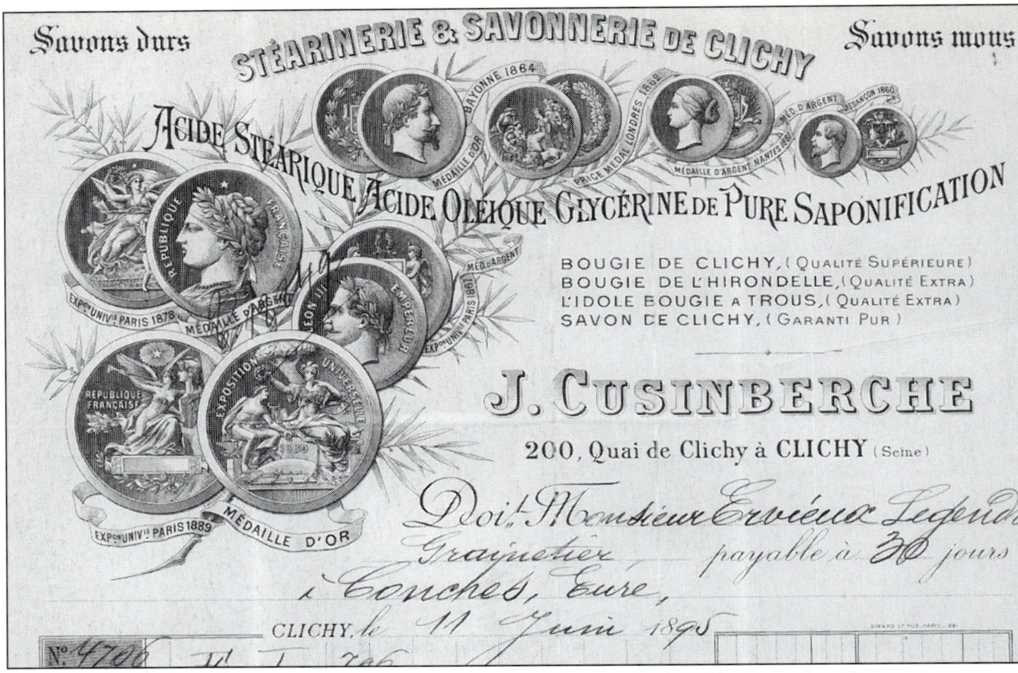

Pendant 130 ans (1850-1979), la manufacture dirigée par la famille Cusinberche a rayonné en France et à l'étranger par ses produits : bougies et savons.

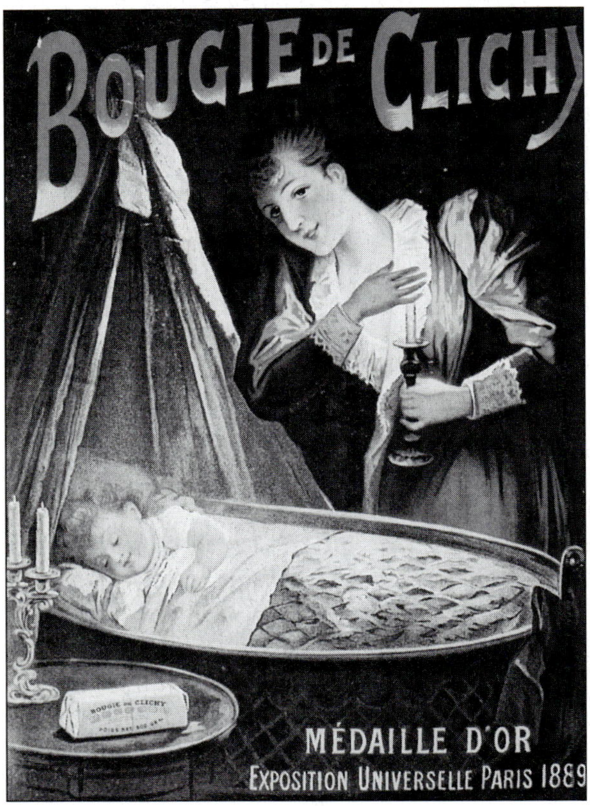

Louise Weber , plus connue sous le nom de La Goulue, est une enfant de Clichy où elle travailla comme blanchisseuse avec sa mère au lavoir, 12, rue de Bois. Créatrice du french cancan, en 1889, au Moulin Rouge, elle fut le modèle préféré du peintre Toulouse-Lautrec. Sur cette partition de "*Valse pour piano*", de A. Bosc, on la voit avec son ami Valentin le Désossé.

En 1895, La Goulue abandonna le Moulin Rouge pour monter son théâtre ambulant. Elle s'associa, en 1899, au dompteur Pezon, un autre Clichois, d'origine lozérienne ; elle se produisit à Montmartre et à la foire de Nevilly.

Le réveil artistique de Clichy est une société théâtrale et d'émulation artistique qui fut fondée en 1912 et dont le président était monsieur Bachelet. Son siège social se trouvait 22, boulevard National.

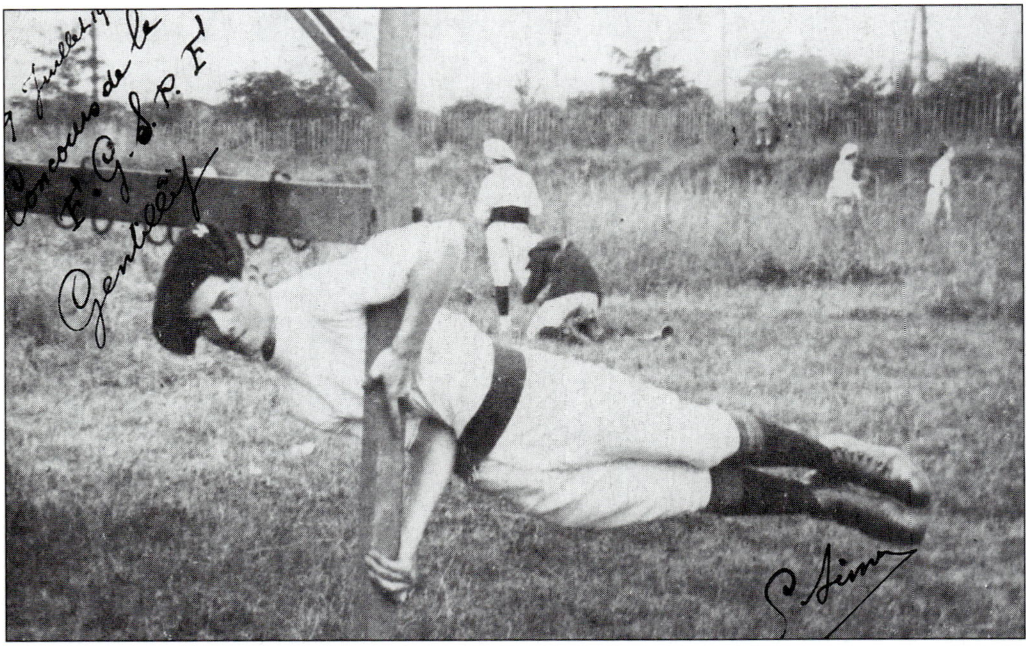

Cette photo fut prise le 9 juillet 1916. La jeune garde de Clichy participait au concours de la fédération à Gentilly.

Louis Rustin, passionné de cyclisme, déposa, en 1903, les brevets de la rustine, système pratique, rapide et économique permettant de fixer des pièces sur des chambres à air. Il décéda à Clichy en juin 1954, à l'âge de 75 ans, dans son atelier, 9, rue Castères.

"*Elle court, elle court, la pointe Bic*" (affiche illustrée par Savignac). Le groupe Bic, numéro 1 mondial de la fabrication de stylos à bille est implanté à Clichy depuis 1945, rue Petit et impasse des Cailloux. Le produit vedette, le crayon à bille cristal, est toujours, 42 ans plus tard, l'une des meilleures ventes du groupe avec une production mondiale de 14,5 millions de crayons par jour.

Cette affiche pour Monsavon est également signée Savignac. La société fut créée, rue Martre, en 1920 par monsieur Wiesner et le docteur Henri de Rothschild.

La fanfare municipale Le soleil de Clichy et un groupe de majorettes photographiés en 1964 avec Emile Wallerand.

La fanfare municipale, en 1902, devant le restaurant du Soleil d'Or.

Commerçants, artisans et ménagères posent devant l'entrée du marché, rue de l'Ancienne Mairie.

La Maison Vernon, Grand hôtel de France, place du Marché. La verrière est magnifique et les salles étendues. Il mérite d'être comparé à l'établissement de 1996.

La maison des pupilles du patronage municipal s'élevait à l'angle de la rue d'Alsace et de la rue René Véziel, à proximité de la nouvelle école Jean Jaurès. Le patronage était ouvert le jeudi, le dimanche à 13 h 30 et pendant les congés scolaires. Il s'agissait de ne pas laisser les enfants des ouvriers livrés à eux-mêmes dans la rue.

Le nouveau bâtiment du patronage laïc municipal fut construit en 1965 au 55 de la rue Villeneuve. A la rentrée de 1966, près de 1 000 enfants y étaient inscrits ; on comptait de nombreux groupes d'expression culturelle et sportive (15 équipes U.S.E.P.).

Madame Leredde (Zibeline) avec ses petits dans le parc du patronage laïc municipal. Les enfants découvrent la nature, les insectes et les plantes.

L'arbre de noël du samedi 17 décembre 1966. Les enfants du patronage laïc municipal reçoivent un jouet après avoir présenté un beau spectacle à la salle des fêtes (16-18, allée Gambetta). Monsieur Mansard, maire-adjoint, est attentif au bon déroulement des festivités.

"La maison des pupilles du patronage municipal offre aux familles ouvrières des garanties solides. Pendant qu'à l'usine, sur les chantiers, les réseaux de chemin de fer, dans les bureaux, les parents accomplissent leur besogne quotidienne, leurs enfants sont à l'abri des dangers de la rue et des mauvaises fréquentations. Ils savent, en un mot, que la maison des pupilles est un abri sûr et comfortable".

CLICHY-sur-SEINE
Colonie Scolaire — *Depuis trois ans, 500 enfants partent à la mer pendant un mois.*
Vue prise sur la plage de St-Gilles-Croix-de-Vie (Vendée)
Réalisation du Conseil Municipal 1925-1929.

La ville accueille chaque année dans ses trois colonies scolaires plus de 1 300 jeunes Clichois à Varzy (Nièvre), Saint-Gilles (Vendée) et à Murat-le-Quaine (Puy-de-Dôme).

L'équipe dirigeante de la Société philatélique de Clichy pose en 1964 : on reconnaît Emile Duvernoy, le président, R. Cardot et Jacques Werquin.

Georges Levillain, maire de Clichy de 1947 à 1977, a été un des premiers à établir des liens d'amitié avec l'Allemagne. Ci-dessus, le jumelage avec Heidenheim et la commémoration par Walter Spiller.

La campagne est permanente pour la propreté et l'hygiène.

En 1931, l'équipe municipale de la voirie affectée à la voiture n°1 pose au 41, rue Georges Boisseau.

Affiche dessinée par Alain Macé, Société philatélique de Clichy, pour le 49e salon de printemps qui s'est tenu du 25 mars au 3 avril 1979. A tour de rôle, les peintres, les photographes et les philatélistes créent l'affiche du salon de printemps.

II

La mairie, le marché et l'église

Le 15 février 1872, le conseil municipal accepta de construire la mairie sur la place située près de l'église, boulevard Saint-Vincent-de-Paul. Après 1790, la salle municipale fut installée d'abord dans le presbytère puis, en 1835 et pour 40 ans, dans une maison de la rue de l'Ancienne Mairie (carte postale de 1899, ed. Trianon).

La partie centrale de la mairie a été inaugurée le 17 mai 1877. Le bâtiment avait déjà son horloge et son gracieux belvédère.

Les deux ailes ont été ajoutées en 1907. Trois belles portes en fer forgé ornementent l'entrée éclairée par des lampadaires décoratifs.

L'escalier d'honneur conduit vers la salle du conseil. La rampe est en maçonnerie. De chaque côté, de grandes fresques représentent le territoire de Clichy, d'un côté au XVIIe siècle, de l'autre en 1880.

La salle du conseil en 1907. Le grand plafond est superbement mis en valeur par des corniches périphériques et de belles moulures dorées. Le maire et ses adjoints président, il y a une table pour les secrétaires et des pupitres en dégradé pour les conseillers.

La place de la Mairie (ici en 1908) a été coupée par un passage d'autobus. Une placette permet aux piétons de traverser le grand boulevard. On aperçoit une baraque à gauche et un abri provisoire que l'on retrouve sur d'autres cartes, près de la vespasienne. La voiture 12 dessert la ligne porte de Clichy-Clichy.

La place du Marché, rue du Réservoir, près de la mairie.

L'ancien marché couvert de style 1900. Les livraisons se font avec des charrettes.

A gauche se trouve la rue de Neuilly, à droite celle du Réservoir.

Les publicités changent. Après Les Nouveautés Au Bon Pasteur (A. Machuro) et Les Nouveautés, cet emplacement abrite aujourd'hui la Maison Lepeuve et Pening.

Les ménagères se pressent vers l'entrée du marché.

Quand monsieur de Paul fut nommé curé de Clichy, le 2 mai 1612, l'église Saint-Médard tombait en ruines. Avec l'aide des seigneurs de Clichy, il la restaura et l'agrandit.

L'ancienne église placée sous le vocable de Saint-Médard.

La nouvelle église, placée sous le vocable de Saint-Vincent-de-Paul, accolée à l'ancienne, fut commencée en 1902 et achevée en 1906. Des vitraux racontent la vie du saint. Ses reliques, la chaire et les fonts baptismaux sont, eux, conservés dans l'ancienne église.

La flamme philatélique avec l'église Saint-Médard commémora le 38e salon de printemps du 3 au 24 mars 1968. Le timbre-poste de la Croix-Rouge, à l'éfigie de saint Vincent, fut émis en 1958. Le tricentenaire de la mort de saint Vincent fut commémoré à Clichy les 6 et 7 février 1960, à l'église et à la maison du peuple.

Portrait de saint Vincent-de-Paul par Simon Français. Saint Vincent-de-Paul est né dans les Landes, près de Dax, en 1575. Ordonné prêtre à Périgueux, il est installé curé de Clichy le 2 mai 1612 et quittera la paroisse en 1623.

Les vitraux du choeur de l'église Saint-Vincent-de-Paul évoquent des épisodes de la vie du saint. Ils ont été réalisés par le maître Fialix en 1860 et furent donnés à l'église par Louis-Joseph Maës, maire de Clichy, et par monsieur et madame Appert.

Les vitraux qui décorent cette église ont été réalisés avec des verres offerts par les verreries de Clichy.

Au coin de la rue Martre et de la rue Villeneuve se trouve la maison des Filles de la Charité, plus connues sous le nom de soeurs de Saint-Vincent-de-Paul.

Ci-dessus, on peut voir le bâtiment intérieur côté jardins, avec une tour imposante et un important clocher à lucarnes.

La maison dite Le Bon Pasteur abritait avant sa fermeture, en 1963, les Filles de la Charité contraintes par l'âge ou la santé au repos ou à la retraite.

Le belvédère, plus élevé que celui de la mairie, est surmonté d'une croix. Les propriétés des religieux sont importantes à Clichy en ce début de siècle.

III
Le boulevard National

L'immeuble des bains-douches, avec ses fenêtres en demi-lunes, abrite aujourd'hui la Société générale. A l'angle, on aperçoit le café Le National.

Le boulevard National du côté de la rue des Chasses. La cheminée fait partie du paysage.

A droite, à l'angle d'une propriété ceinte d'un mur, un agent surveille la circulation. Il n'y avait alors pas de passage protégé pour la dame et son enfant qui traversent la chaussée.

A gauche, on se dirige vers la rue du Guichet qui mène à la rue de Landy.

Sur cette vue, la rue du Guichet est à droite et rejoint le boulevard National. Près du café-bar-tabac se trouve une bascule municipale : un grand plateau au sol servant à peser les voitures et leur chargement.

Belle vue du boulevard National : une large voie, un large trottoir et de nombreux arbres plantés régulièrement. Montmartre se découpe à l'horizon.

La place de la Mairie, à l'angle de la rue Villeneuve. On aperçoit le Bazar de l'Hôtel de Ville et, sur la place, une vespasienne.

Sur le boulevard National se trouvait l'hôtel du Gazomètre, près de la rue des Chasses.

Le café du Progrès.

Près de la nouvelle église, le Grand Bazar de l'Hôtel de Ville vend des porcelaines et cristaux.

Ci-dessus, le café du Commerce.

Le bureau du central téléphonique de la poste.

La nouvelle poste est située 81, boulevard Jean Jaures.

Il y avait alors peu de circulation : une voiture, une calèche et le tramway, dont la ligne 39 a remplacé l'impériale.

Près de la rue du Bois, on trouvait l'établissement Au Gros Chêne, spécialisé dans la tapisserie et les sièges, et la Maison Julien Damoy.

Porte de Clichy se trouve la route de la Révolte. Son nom date du XVIIIe siècle où les révolutionnaires l'ont empruntée pour se rendre à Versailles.

Boulevard National, au rond-point Victor Hugo, deux autobus à impériale se suivent, les calèches se fraient un chemin sur la voie libre et il y a peu d'automobiles en direction de la rue de Clichy et de la barrière, sur les hauteurs du Sacré-Coeur de Montmartre.

Aux portes de la capitale, les charrettes chargées de bois et de charbon se suivent... en provenance de Clichy, débarquant à l'île Robinson, sur la Seine.

Des voyageurs se pressent à la porte de Clichy pour monter dans l'impériale.

Le général Moncey, major-général de la garde nationale parisienne, défendit la barrière de Clichy contre les Russes, les Prussiens et les Anglais, adversaires de Napoléon, le 30 mars 1814. En 1815, Clichy évacué fut livré au pillage par les Prussiens qui y campaient.

L'octroi, à gauche, contrôlait les voitures et éventuellement les piétons. Les chantiers de la Salamandre livraient Paris en charbon. Le marché de la barrière se trouvait à cet emplacement. Cette partie du boulevard National a été annexée par Paris en 1930. Au-delà de la barrière, le boulevard Bessières a été ouvert en 1864.

La brasserie Malot a remplacé la Maison Gibier.

Les serveuses se tiennent à la fenêtre, sous le regard amusé du gardien de la paix.

IV

La place des Fêtes, les allées Gambetta et le parc

La place des Fêtes est une large voie de 20 mètres, réalisée à partir de 1862 et terminée en 1885 pour prolonger l'avenue de Clichy jusqu'à la Seine et au vieux pont de Clichy, construit en 1870.

La place des Fêtes a été établie par arrêté municipal du 16 juillet 1883. Le kiosque à musique fut inauguré en 1896. C'est sur cette place que se déroulent la foire (en octobre) et bien souvent les fêtes des associations.

Hommage aux jardiniers de la ville. Les grands vases ont été déplacés aux allées Gambetta.

Vue de la place des Fêtes en direction du boulevard National.

Cet immeuble est celui de droite, à l'entrée des allées Gambetta, sur la rue Martre.

Les allées Léon Gambetta font suite à la place des Fêtes. Cette superbe traversée de Clichy est longue de 404 mètres (large de 40 mètres). On peut remarquer qu'un seul immeuble se trouve à l'entrée, sur la gauche.

Sur cette carte de 1922, on remarque les nombreuses habitations.

Le kiosque à musique, à la toiture octogonale, fut installé en 1896. Sur les frontons se trouvent les noms des musiciens : Gounod, Auber, Ambroise Thomas, Boieldieu, Hérold, Léo Delibes, Berlioz et Bizet.

Sur cette place des Martyrs, ex-place des Fêtes, se déroulent les plus grandes fêtes de la ville : concerts, spectacles, commémorations et, actuellement, forum des associations et foires d'octobre.

Yves Deniaud, né en 1901, a passé sa jeunesse à Clichy où il fit partie d'une troupe théâtrale. Lampiste de l'émission de radio *Monsieur le président*, il s'est fait connaître avec les *Trois barbus* au music-hall. Au cinéma, ami de Michel Simon, il a tourné de nombreux films avec Jean Gabin et Paul Frankeur. Il nous a quittés le 7 décembre 1959 et repose au cimetière de Clichy.

La salle municipale a été transformée en théâtre en 1965 et rénovée en 1970. On l'appelle théâtre Rutebeuf parce qu'une statue de ce poète "accueille" les visiteurs à l'entrée. Le conservatoire de musique fut installé dans un immeuble mitoyen, rue Henri Barbusse. L'école municipale de musique a été ouverte par Charles Auffray, maire de Clichy, en février 1926.

Le 7 octobre 1896, monsieur Hellet, maire de Clichy, et madame Mesnage, dite Denain, veuve de Leo Delibes, signèrent les conventions qui amenèrent successivement l'ouverture de l'asile Delibes, du parc Denain et la construction du bâtiment Cibiel-Lannelongne (maison des associations).

Trois camarades, défenseurs de la Maison des dernières cartouches à Bazeilles, se sont réunis, 32 ans après, à Clichy-La-Garenne, le 12 avril 1902.

Le gardien pose devant sa maison.

Du côté de la rue Villeneuve, le parc Denain est fermé par un mur. On aperçoit les jardins ouvriers du côté de la Seine.

Sur cette même rue, avec plus de végétation, des cheminées apparaissent en direction de la Seine : ce sont celles des ateliers de la teinturerie Bienaimé.

Une belle dame nous cache son visage tout près de la cabane.

Un peu de repos dans le parc, à l'abri des tumultes des jeux. De l'autre côté de la grille, à gauche, une fontaine à pression permet de boire ou de se laver les mains.

De jeunes enfants jouent près de la pièce d'eau, au parc Denain. Les jeunes filles portent de longues blouses.

Cette femme endormie dans les feuillages et déplacée à plusieurs reprises semble toujours attendre que le prince charmant vienne la réveiller.

Dans le parc Denain, on pouvait reconnaître deux constructions rustiques de la Maison Dorléans et Le Page, 13, rue de Landy.

L'allée principale du parc Denain dans les années 1900-1910. Il faisait bon se promener et se reposer à l'ombre de cette magnifique végétation.

Cette belle pièce d'eau, protégée par un grillage, accueille de nombreux cygnes.

Ce monument commémoratif, élevé à la gloire des poilus de Clichy, fut offert par Marcel Marquez, ancien combattant de 1870. La Société amicale et mutuelle "les poilus et combattants de Clichy", déclarée le 29 juillet 1919 et siégeant 1, place du Marché, a eu comme dirigeants messieurs Edel, Perfettini, Duvernoy, etc.

Entre 1902 et 1973, le bâtiment a abrité de nombreuses oeuvres caritatives. En 1964, on parlait de refuge des filles perdues. Défense d'aller chercher le ballon que les enfants du patronage avaient lancé !

Dans le parc Roger Salengro, anciennement Denain, en 1955, les enfants font naviguer leurs bateaux. Un gardien vigilant fait la causette avec les grands-parents. En arrière-plan, côté rue du Général Roguet, pointe la silhouette de la cabane au toit de chaume.

En 1908, la Société des magasins du Printemps construisit à Clichy un bâtiment à usage d'entrepôt pour les magasins du boulevard Haussmann.

Ces bâtiments ont été modifiés lors des travaux entrepris en 1991.

La façade donnant sur le boulevard Général Leclerc est décorée de carreaux de grès jaune et bleu dus au céramiste Alexandre Bigot.

Le bâtiment central a été réalisé par les architectes Popinot et Simonet.

Le parc Denain, côté place de la République. On aperçoit les bâtiments du Printemps.

La place de la République est dégarnie, sans pelouse, ni construction, ni banc ou statue. Les établissements du Printemps apparaissent nettement en direction de la Seine.

La marquise de Sanzillon, deuxième femme et veuve du général Roguet, donna, en 1895, à la commune de Clichy, les sommes nécessaires à la construction d'un hospice-orphelinat. Celui-ci fut bâti en 1902. Le 14 juin 1905, Emile Loubet, président de la République, inaugurait officiellement la Fondation général comte Roguet. Monsieur de Selves, préfet de la Seine, monsieur Laruelle, maire de Clichy, et de très nombreuses personnalités l'entouraient.

En 1990, après modernisation, agrandissement et transformation de l'établissement en hôpital de court et de long séjour, la capacité d'accueil était de 400 lits.

Madame de Sanzillon légua par testament une somme d'un million de francs plus ses donations pour la création d'une oeuvre philantropique à Clichy. Après les partages, l'oeuvre pouvait recevoir près de 4 millions. Le choix de l'emplacement se porta, en 1901, sur un terrain appartenant à l'académie des sciences morales et politiques et légué par mademoiselle Corbay. Sa surface, de près de 15 000 m2, se monta après les expropriations, en 1902, à 18 646 m2.

Le général comte Roguet, dont le père avait été anobli par Napoléon 1er, possédait une propriété à Clichy. Il se remaria en 1865 avec madame Marie de Lemanska, future madame de Sanzillon, et mourut sans descendance le 24 juillet 1877.

Salle de réunion de la fondation avec les portraits du général Roguet et de sa femme, madame de Sanzillon.

En 1951, on commémora le cinquantenaire de la fondation Roguet, sous la présidence du préfet de la Seine, et de monsieur G. Levillain, maire de Clichy-La-Garenne.

La fondation, en 1973. Un bâtiment supplémentaire a été ajouté dans la cour latérale. Sur ce cliché se trouve également l'usine Citroën qui occupe une surface immense : près de 5 000 personnes ont travaillé sur ce site. Le quartier Mozart s'y installera en 1994 et la fondation Roguet occupera alors un nouveau bâtiment, du côté de la rue Villeneuve.

L'école de filles Jean Jaurès fut construite en 1928 et surélevée en 1953 et 1958. Elle devint collège d'enseignement général en 1960 (situé au 1, rue René Véziel).

Au pont de Clichy, 500 habitations à loyer modéré ont été construites entre 1957 et 1962, ainsi que l'école des garçons, rue Antonini et l'école maternelle, rue René Véziel.

Nicolas Beaujon avait fait édifier un hôpital-hospice à Paris, dans le quartier Saint-Honoré. L'Assistance publique décida de son transfert à Clichy en 1930. La construction, dirigée par messieurs Jean Walter, Cassan et Plausey fut achevée en 1935. Le bâtiment comporte 12 étages avec deux nefs principales et cinq ailes perpendiculaires. Le matériel est ultra-moderne et la capacité de 730 lits. En 1936, on visite cet hôpital avec une conférencière.

Le service d'endocrinologie du professeur Klotz pose en 1966.

V

Le quartier Victor Hugo-Alsace

La place de la République était un endroit agréable avec un grand terre-plein fleuri, qui a été arasé par la suite, et une statue au centre. On a une vue sur le parc Denain : la photo ayant été prise avant la construction de l'hôpital Beaujon. Des bancs de pierre permettaient aux promeneurs de se reposer.

La maison du peuple fut construite en 1936 sur l'emplacement de l'ancien marché du quartier de Lorraine par messieurs Bodianski et Jean Prouve. Elle possède un plancher mobile et des cloisons en plusieurs éléments, ce qui est très moderne techniquement. Inscrite à l'inventaire des Monuments historiques, la maison du peuple est en rénovation depuis 1993. Durant de nombreuses années, elle servit de salle de spectacles, de manifestations ou de congrès.

Le salon de printemps de 1966 se déroule sous la présidence de monsieur Levillain, maire de Clichy, accompagné de monsieur Favier, secrétaire général, et de monsieur Roche, maire-adjoint.

Le groupe scolaire Victor Hugo fut inauguré en 1885 et surélevé en 1956.

Dans la rue d'Alsace, un magnifique terrain vague est propice aux parties de jeux. Une palissade protège la traversée de la rue peu fréquentée.

L'école maternelle, rue d'Alsace, en 1902. Ce fut la première école maternelle de la ville. Construite en 1885, elle fut surélevée en 1956.

Le bâtiment central fut construit par la suite. En 1936, elle était très fréquentée. De nombreuses femmes travaillaient comme ouvrières dans les ateliers et usines de la ville.

Quelques beaux immeubles richement décorés, à l'angle des boulevards de Lorraine et Victor Hugo. Au premier plan, à gauche, on aperçoit une des cent fontaines dont sir Richard Wallace fit don à Paris et à quelques communes de la Seine, en 1872.

A l'angle des boulevards National et Victor Hugo, on peut admirer cette construction de brique rouge ou jaune-orange.

En 1911, boulevard Victor Hugo, de nombreuses charrettes transportent des fûts et des remblais du côté de la Seine. Une colonne Morris permet de regarder les affiches des spectacles.

La famille Vautrin avait un commerce de cordonnerie et chaussures au 126, boulevard Victor Hugo.

Le marché de la porte de Paris était une construction métallique et couverte. Il fut remplacé par le marché de Lorraine, installé au rez-de-chaussée de la maison du peuple, 39, boulevard du Général Leclerc.

Sur le boulevard Victor Hugo, en 1908, les ouvrières attendent l'arrivée du tramway. A gauche, on reconnaît une fontaine Richard Wallace.

La Maison Meunier, restaurant Le Cordon Bleu, se trouvait à l'angle de la rue Curton et du boulevard Victor Hugo. Ici, la circulation est plus dense que sur le boulevard National. Au milieu de tout cela, le tramway à impériale se fraie un passage.

Le boulevard Victor Hugo, en 1913. Au rez-de-chaussée de ce bel immeuble prospère une pharmacie. Sur la voie, en direction de Saint-Ouen, un passage dallé sert pour le tramway.

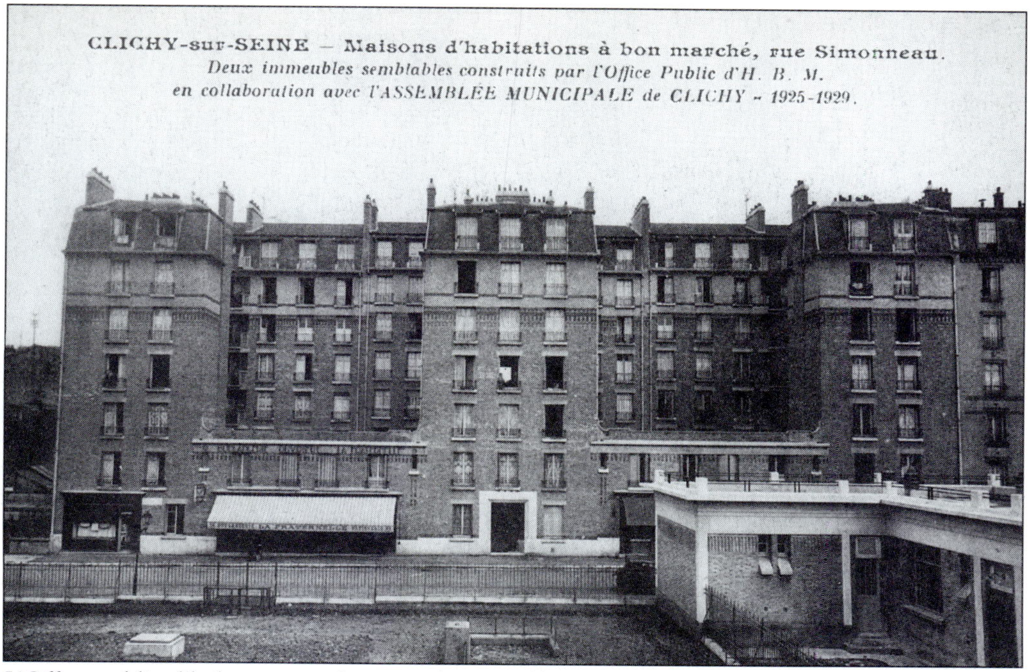

L'Office public d'habitations à bon marché, installé après la Première Guerre mondiale, réalisa dans le quartier Simonneau, habité par des chiffonniers, un ensemble architectural de qualité avec le souci de préserver le tissu urbain traditionnel.

Dans la plupart des logements de Clichy, il n'y avait pas de salles de bains. La municipalité Charles Auffray ouvrit alors plusieurs services de bains-douches. Le plus moderne était installé boulevard Jean Jaurès avec 20 cabines hommes et 20 cabines femmes.

Le "dispensaire et services d'hygiène et d'assistance sociale", réalisation du conseil municipal de 1925-26, luttait ardemment contre les misères et les fléaux sociaux.

Le boulevard Victor Hugo en 1914. Sur le côté est, en direction de Saint-Ouen, presque au carrefour du boulevard National, on aperçoit, sur la gauche, une colonne Morris. Sur le même trottoir, se trouve le café Lagat.

Jules Goüin, régent de la Banque de France, projeta, en 1890, la construction d'un hôpital destiné aux ouvriers des Batignolles et de Clichy.

L'hôpital Goüin disposait, en 1900, d'un service de chirurgie et d'un dispensaire avec consultations externes. Les soins étaient assurés par les soeurs de Saint-Joseph-de-Cluny.

La chapelle de la communauté.

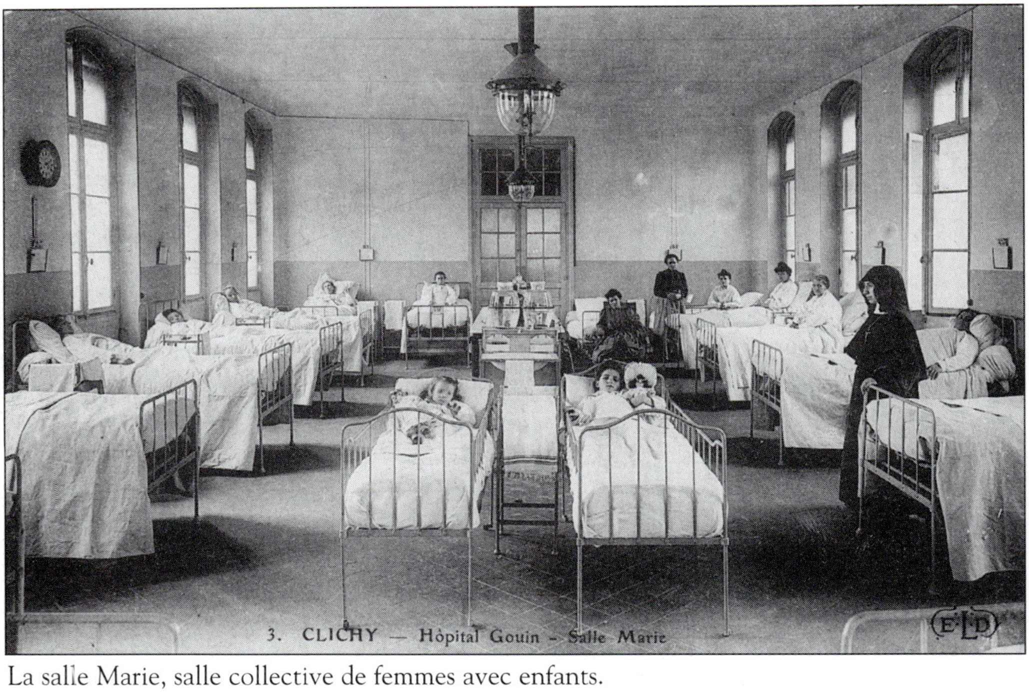

La salle Marie, salle collective de femmes avec enfants.

L'hôpital Goüin fut inauguré le 29 juin 1896, sous la présidence du prince d'Aremberg.

La cour d'entrée était contrôlée par la gardienne.

Le bâtiment de l'extérieur, sur la rue Barbusse, en direction de la place de la République.

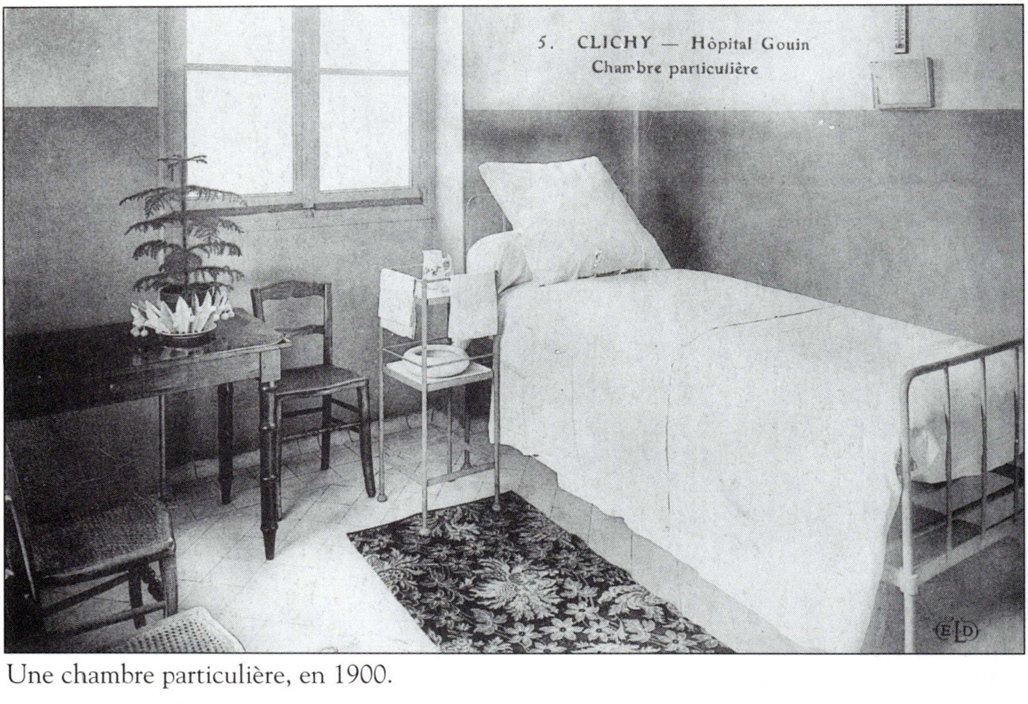

Une chambre particulière, en 1900.

Au dispensaire gratuit, consultations et pansements se faisaient tous les matins entre 9h et 11h. En 1908, le ramassage des ordures se faisait par charrette à chevaux.

Ces enfants ont fait leur première communion à l'hôpital. Pendant de nombreuses années, les soeurs de Saint-Joseph-de-Cluny ont assuré les soins.

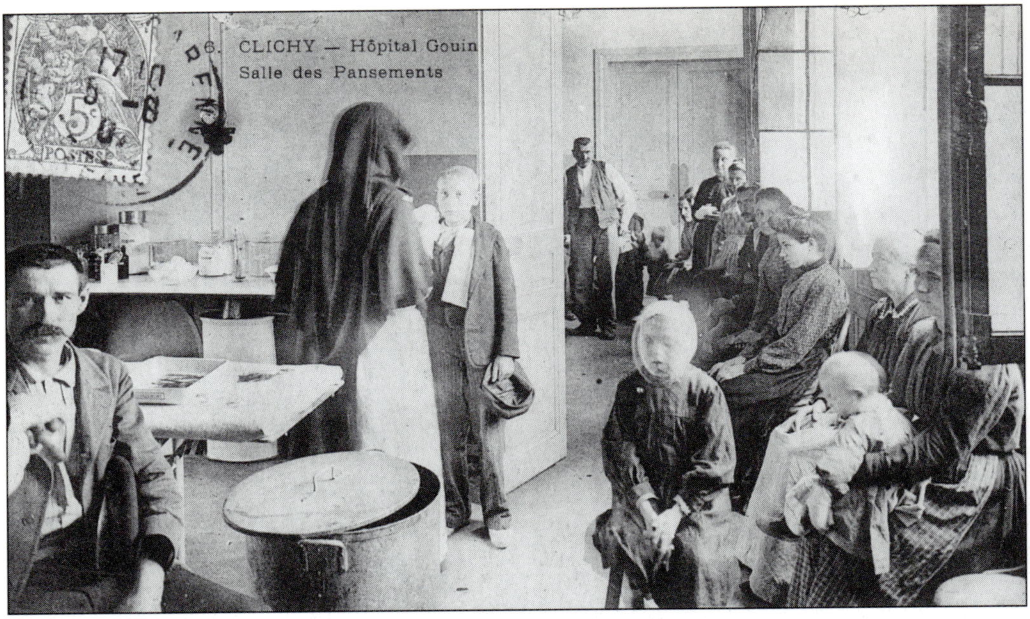

Dans la salle des pansements, adultes et enfants se côtoient.

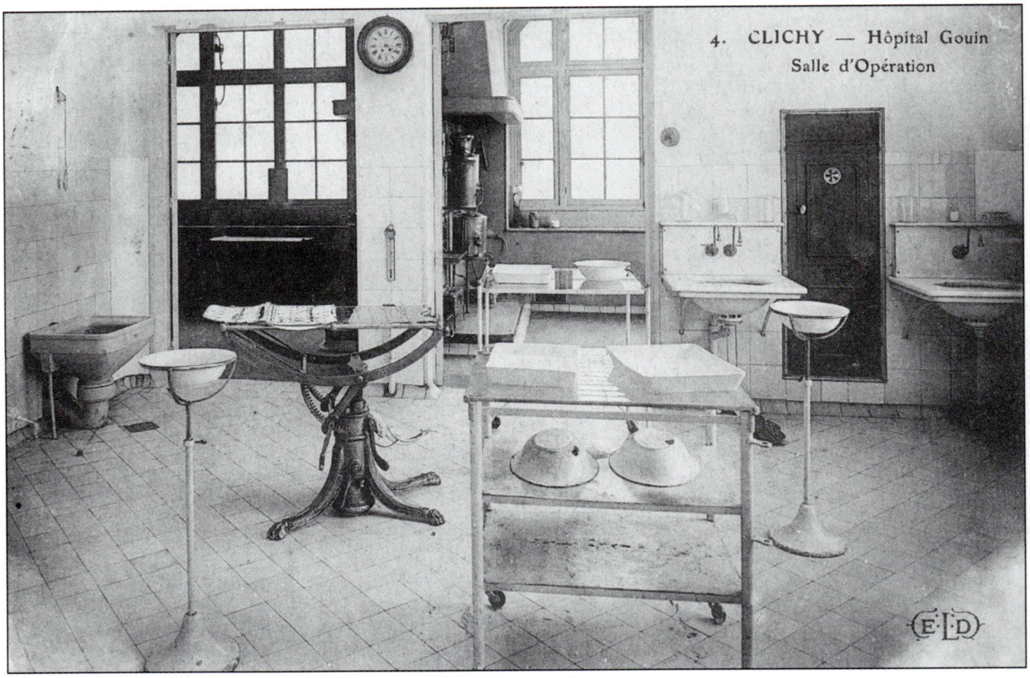

La salle d'opération nous paraît aujourd'hui bien rudimentaire.

La nouvelle église de la paroisse Notre-Dame Auxiliatrice de Clichy fut inaugurée par monseigneur Amette, le 15 janvier 1911. Fin 1996, elle est sur le point d'être rasée, car elle est très lézardée.

Accompagné d'un chien, un "titi" parisien, avec casquette et pantalon trop grand, se promène au coin de la rue d'Alsace, près de la chapelle. A ses côtés se tient un employé communal.

C'est dans cette chapelle que naîtront des vocations. Jeanne Aubert dirigeait dans la paroisse des chiffonniers une section syndicale. La J.O.C (jeunesse ouvrière chrétienne) était en mouvement.

Au Petit Bazar d'Alsace se trouvait près de la chapelle Notre-Dame-Auxiliatrice.

La Maison Langot, café-restaurant, prospérait au 63, boulevard Victor Hugo.

La crèche municipale de la rue du Bois est la plus ancienne crèche de Clichy (1905).

Deux autres crèches furent ouvertes en 1959 : la crèche Palloy et la crèche Antonini.

La rue du Bois était le chemin qui menait de Clichy au bois de Boulogne à travers Levallois et Neuilly. Jusqu'en 1821, la rue du Bois s'arrêtait rue Casterès-Huntziger, l'avenue Anatole France n'étant pas ouverte.

La partie de rue allant jusqu'à la rue Martre s'appelait rue de la Fabrique. En 1886, on prolongea la rue de la Fabrique jusqu'au boulevard de Lorraine, par la place de la République.

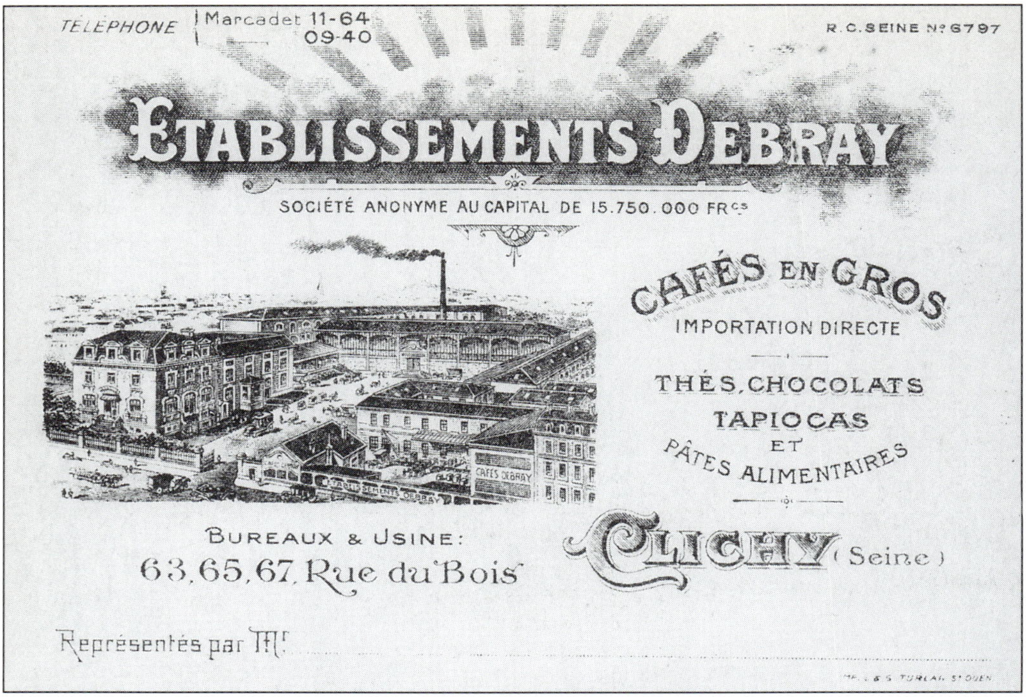

Les établissements Debray avaient pour spécialité les cafés en gros, thés, chocolats, tapiocas et pâtes alimentaires. Ils étaient sis 63-67, rue du Bois (aujourd'hui rue Henri Barbusse). Les bâtiments étaient nombreux et l'activité importante.

Voici une carte qui confirme l'importance des établissements Debray. La carte publicitaire, au dessus, est fidèle : à gauche de l'entrée se trouve un grand bâtiment pavillonnaire pour les services, à droite les ateliers. Au fond, on distingue une cheminée élevée.

VI
Le quartier Pasteur-Fournier

Rue de Paris, à la buvette Chez Richard, les consommations ne sont pas chères : le café est à 10 centimes, l'absinthe à 20. Le marchand de cycles n'est pas loin : la bicyclette est alors un moyen de transport prisé.

L'école Pasteur, primitivement ouverte le 1er octobre 1899 rue Castères, a été transférée rue des Ecoles (aujourd'hui rue F. Buisson), le 1er octobre 1901 avec 7 classes.

L'école fut inaugurée le 20 octobre 1901 par monsieur Laruelle, maire de Clichy, et par monsieur de Selves, préfet de la Seine.

Cette photo de classe pourrait être dédiée à Bernard Rouault, instituteur à l'école Pasteur pendant 33 ans ainsi qu'aux personnels de l'école publique qui ont oeuvré à Clichy, à messieurs Langlois, Saltel, Locard, Poulard, à madame Blineau... à l'école de garçons Pasteur.

Quelques années plus tard, en juin 1982, à La Défense, une autre génération de Clichois participe à l'exposition Philexfrance et s'initie aux techniques modernes en présence d'anciens enseignants : Pierre Mauroy, Louis Mexandeau et Gilles Catoire.

"*Nous nous plaisons bien à Paris : nous sommes concierges au* 36, *rue de Neuilly*", écrit l'expéditeur de cette carte postale, le 2 novembre 1912.

La rue de Paris, très animée, compte de nombreuses boutiques bien achalandées.

Le propriétaire de cette boucherie au 117, rue de Paris, en 1912, est Edmond Capdet.

Voici l'arrière-cour de la boucherie du 117, rue de Paris. Raymond Capdet porte soin et attention à son cheval ; Probablement s'apprête-t-il à l'atteler pour la livraison.

Au carrefour de la rue de Neuilly, à la sortie des écoles, les enfants sont heureux. On remarque bien les fillettes portant tabliers noirs à cols blancs et les hommes coiffés de canotiers.

Les adultes, à leur tour, se font photographier. Au 103, rue de Paris, maman sort son bébé et le pharmacien, au 101, prête attention.

Façades de maisons 1900, entre le 109 et le 113, rue de Paris.

Ci-dessus, on peut admirer un bel exemple de rénovation de maison (époque Louis XIV) dans le centre historique de Clichy.

La rue de Neuilly, près de la rue des Ecoles (rue F. Buisson). Les vins A. Orsal, au carrefour de la rue Valiton, ont disparu. La boutique visible à droite est un commerce de chocolat. Quelle aubaine pour les écoliers !

L'usine élévatoire des eaux dans les années 1910. La différence de niveau des eaux d'égout entre les boulevards Sébastopol et Clichy n'est que de 3,90 mètres. Un programme d'utilité publique de 1935 a permis de créer des réseaux considérables pour épurer et traiter toutes les eaux d'égout.

Près des usines des quais de Clichy, vivait une population laborieuse et accueillante. Les fillettes, vêtues de tabliers et chapeaux, se sont rassemblées ainsi qu'un garçon coiffé d'une casquette. Une dame peine en allant chercher de l'eau.

Au carrefour de la route d'Asnières et de la rue du Bac se trouve une fontaine Richard Wallace.

En 1869, fut créée la gare de Clichy-Levallois, sur la ligne de chemin de fer Paris-Saint-Germain. Installée en talus sur tout son parcours clichois, elle séparera le bourg de ses dépendances de Courcelles (côté rue de Neuilly).

La gare de Clichy-Levallois avec l'entrée principale sur le territoire de Levallois.

VII
Les quais de la Seine

Une partie de l'île Robinson. La berge est la partie préférée des pêcheurs, nombreux à Clichy. C'est aussi l'endroit des parties de canotages et le coin rêvé des peintres.

Ces ponts avaient chacun 60 mètres d'ouverture pour 4, 60 m de flèche. Construits en janvier 1870, ils furent coupés en novembre de la même année pour défendre Paris en janvier 1871.

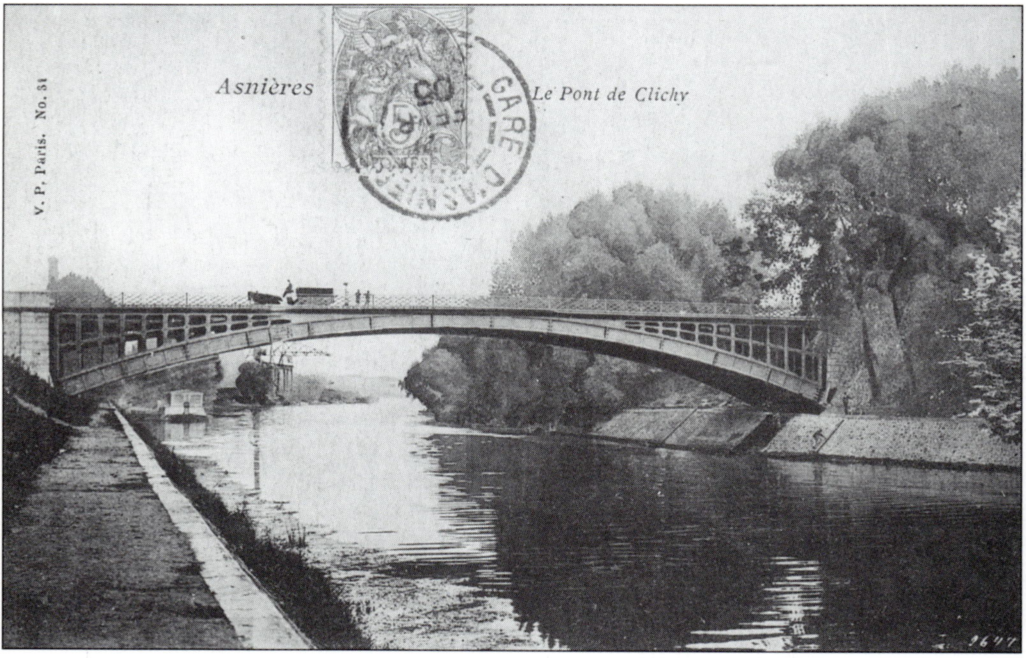

Ce pont allait de Clichy à l'île Robinson, aujourd'hui disparue. La terre a été amenée sur Asnières pour remblayer la partie nommée île des Ravageurs vers Asnières.

Il règne une activité intense sur les quais, de chaque côté de la Seine. Les nombreuses péniches empêchent la circulation du côté de Clichy.

En retrait des installations de l'usine à gaz, on voit distinctement les cheminées des Cables de Lyon, la future zone de Clichy 2000.

Le charbon est chargé par les détaillants de Clichy, Levallois et Paris.

Près du pont d'Asnières, le bateau-passeur fonctionna jusqu'en 1908.

Sur les pontons de la Compagnie du gaz, de nombreuses grues déchargent le charbon des péniches.

Sur ce cliché, on aperçoit, à gauche, les cheminées de l'usine à gaz, au centre, près des berges, les péniches en attente d'être déchargées et, à droite, l'île Robinson.

Les chargements se font sur les pontons et les déchargements à l'aide d'immenses grues qui viennent prendre les marchandises dans les péniches rangées le long des quais.

Ce 30 janvier 1910, la Seine était en crue. Les péniches, accolées les unes aux autres, sont venues se ranger près de l'entrée de l'imprimerie Dupont. Il fait froid et il a neigé. La berge est jonchée de détritus de toutes sortes.

Cette vue d'un bras de la Seine a été prise du pont de Clichy, du côté de l'usine à gaz. A gauche, on aperçoit un atelier aujourd'hui disparu.

Au carrefour, près du pont d'Asnières, les ouvriers de l'imprimerie Dupont ou de l'usine à gaz attendent le tramway. Le journal "*l'Auto*" a du succès : l'achat d'une voiture est alors un rêve. Les constructions automobiles sont d'ailleurs toutes proches, quai Michelet à Levallois.

Un pont neuf reliant Clichy à Asnières en empruntant l'axe de la route d'Asnières fut construit en 1908.

Derrière les écoliers en blouse noire, le tramway, après avoir traversé le pont d'Asnières, dévale la Route d'Asnières.

Sur ce cliché de novembre 1973, on aperçoit distinctement les trois axes équidistants du pont de Clichy. A droite se trouve Asnières avec l'île des Ravageurs et, à gauche, Clichy et ses H.L.M. du bord de Seine. L'île Robinson est entièrement occupée par l'entreprise de charbons Trentesaux-Leconte. La berge entre la rive et l'île des Ravageurs sera comblée l'année suivante, agrandissant ainsi l'île Robinson.

Sur la photo ci-dessus, en aval, on aperçoit le pont de Gennevilliers et, à gauche, l'île des Ravageurs. Sur la partie aval, on peut voir le commerce Leclerc qui quitta l'endroit en 1972.

Liste des maires depuis 1790

Georges Soret	1790-1791
Charles-Pierre Thiphaine	1791-1792
Etienne Gillet	1792-1800
Sébastien Chéret	1800-1805
Jean Paillet	1806-1815
Joseph Dussart	1815-1823
Vincent Bonneau	1823-1828
Gabriel-Alexandre Buisson de Saint-Sulpice	1828-1830
Charles-Pierre Pluvinet	1830-11 juil. 1831
Pierre Saintard	12 juil.-13 août 1831
Henri-Nicolas Hugenet	1831-1833
Etienne-Louis Gillet	1833-1835
Henri-Alexandre Bourgeois	1835-1839
Anatole Fouquet	1839-1849
Gabriel-Ambroise Adam	1849-1858
Louis-Joseph Maes	1858-1870
Aimé Monod	1870-1876
Jean-Louis Villeneuve	1876-1881
Jacques Alphonse Gallot	1881-1886
Paul-Louis Hellet	1886-1900
Marie-Emile Laruelle	1900-1908
Louis Gaudier	1908-1925
Charles Auffray	1925-1941
Marcel Bacquet	20 août-7 sept. 1944
Georges Levillain	8 sept. 1944-mai 1945
Jean Mercier	mai 1945-oct. 1947
Georges Levillain	1947-1977
Gaston Roche	1977-1983
Jacques Delors	1983-1985
Gilles Catoire	1985

VIII
Les inondations de janvier 1910

La crue de janvier 1910 avait été précédée par plusieurs jours de pluie diluvienne. Dans la nuit du 18 au 19 janvier 1910, tout le long du fleuve, on surveillait, heure par heure, la montée des eaux. Tous les quartiers du bord de fleuve étaient touchés, les égouts débordaient, l'eau envahissait les caves puis les rez-de-chaussées et les rues devinrent navigables. On portait assistance par barque. A Clichy, le point culminant fut atteint le 28 janvier : un grand effort de solidarité se manifesta, des bénévoles assuraient le ravitaillement sous la direction du Génie d'Avignon.

Boulevard National et rue Reflut, le 30 janvier 1910, les soldats du Génie d'Avignon participent au sauvetage.

Des habitants en habits traversent la rue Villeneuve. Le chien, pour sa part, a l'air craintif.

Cette barque du Génie est chargée de voyageurs en direction de Paris.

Les Clichoises font leurs courses, le 28 janvier 1910.

Rue de l'Union, des échafaudages permettent de traverser.

La grande barque du Génie stationne en travers du boulevard National.

A l'angle de la rue du Bois, cette photographe, accompagnée d'un agent, prend des vues en direction de la place des Fêtes. On remarque la boutique du chapelier, à droite, à l'entrée de la place.

Une vue sur les rues du Parc et F. Pelloutier.

Le boulevard National est ravitaillé par les soldats de l'école du Génie. On aperçoit sur ce cliché le magasin vendant des huîtres oléronaises et la Société générale.

La rue Dagobert et le bureau du central téléphonique.

La rupture d'une plaque d'égout, rue du Bac d'Asnières, a fait entrer en mouvement une masse d'eau circulaire de 4 mètres de diamètre qui ne s'atténua que 3 jours plus tard, le 29 janvier.

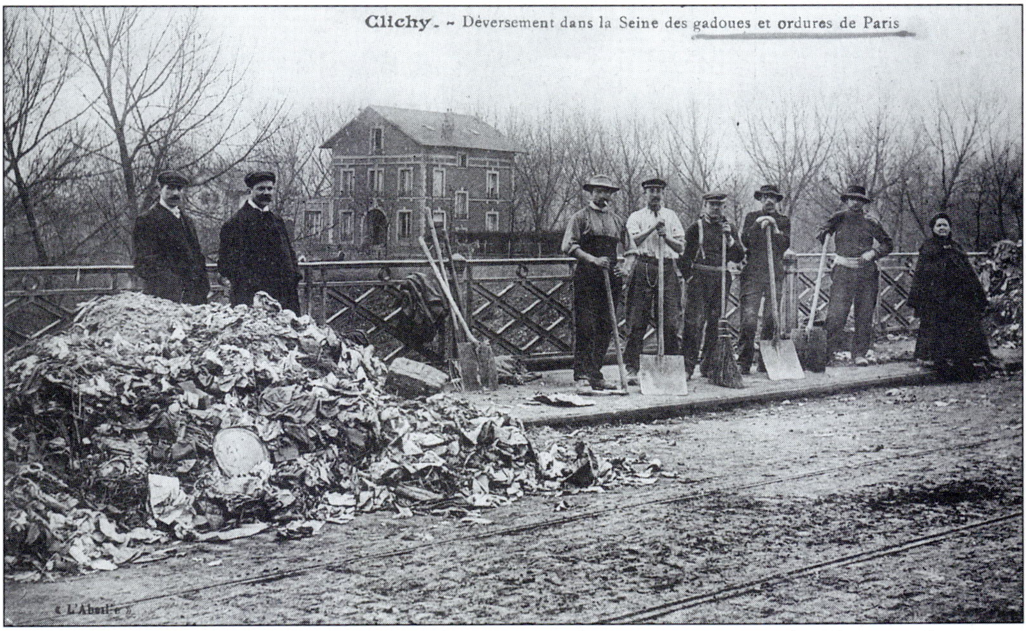

En provenance de la Seine et des nombreuses canalisations rompues, des détritus de toutes sortes envahissaient la ville. Ci-dessus, on déverse des ordures et boues dans le fleuve.

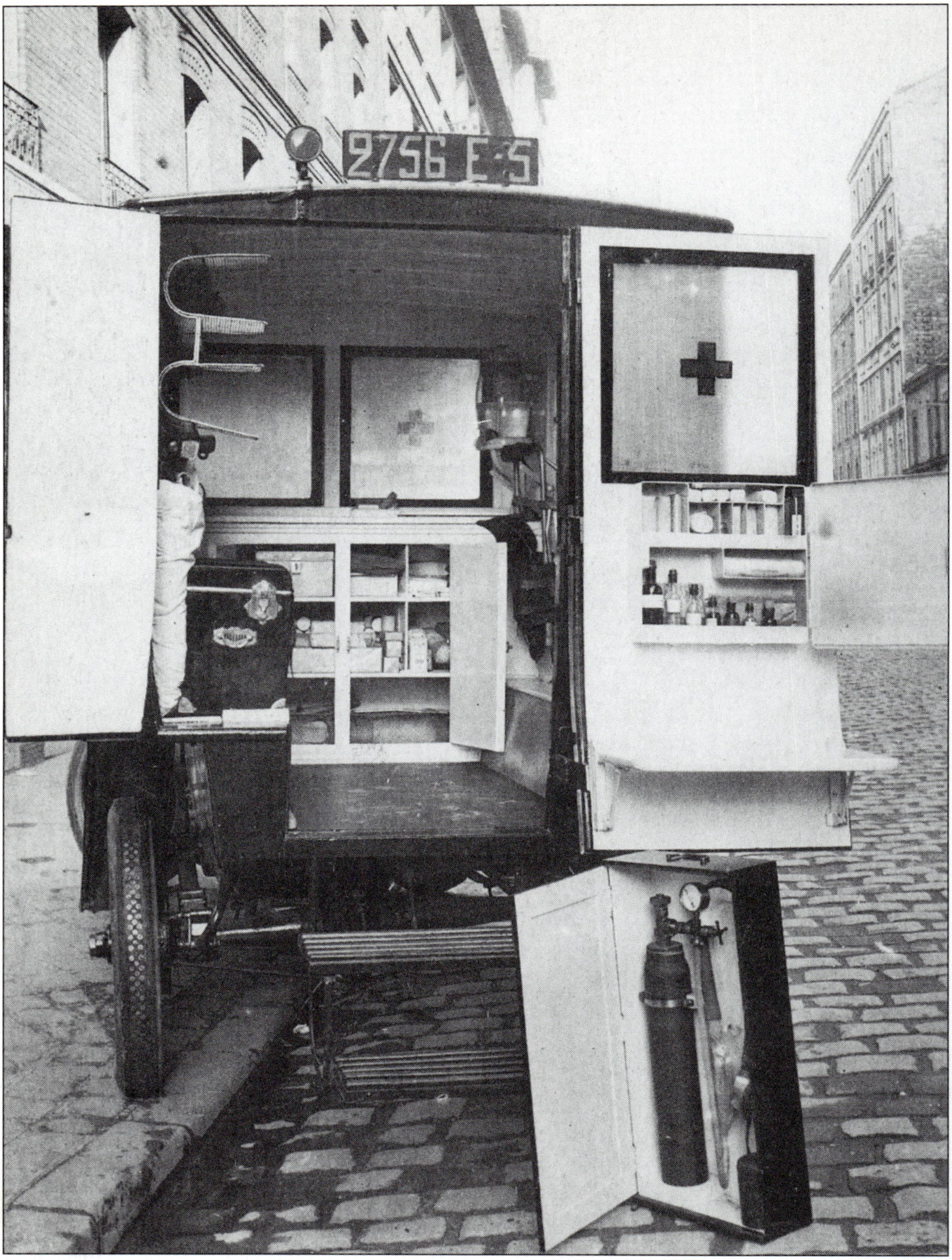

Une voiture médicale de secours immédiat des sapeurs-pompiers. Ce véhicule est pourvu d'appareils scientifiques spéciaux permettant d'apporter aux blessés, en un minimum de temps, les soins les plus efficaces. Cette innovation est due à une délibération du conseil municipal 1925-29.